The Cases of Detective Manuel Soto: Bilingual Spanish-English Short Stories

Coledown Bilingual Books

Published by Coledown Bilingual Books, 2023.

While every precaution has been taken in the preparation of this book, the publisher assumes no responsibility for errors or omissions, or for damages resulting from the use of the information contained herein.

THE CASES OF DETECTIVE MANUEL SOTO: BILINGUAL SPANISH-ENGLISH SHORT STORIES

First edition. August 17, 2023.

ISBN: 979-8223566861

Written by Coledown Bilingual Books.

Table of Contents

Intriga en las Calles de Madrid

La lluvia caía sobre las adoquinadas calles de Madrid, creando un aura de misterio en el aire. En el elegante salón del Hotel Reina Victoria, un grupo diverso de invitados se había reunido para presenciar la presentación del último libro de la famosa escritora de novelas de misterio, Victoria Belmonte.

Entre los asistentes se encontraban la distinguida señora García, el apuesto detective Manuel Soto y el enigmático caballero Ricardo Mendoza. Mientras el ruido de los aplausos se desvanecía, Victoria Belmonte se levantó para agradecer a su audiencia, pero antes de que pudiera decir una palabra, un grito resonó en la sala.

"¡Está muerto!" exclamó la señora García, señalando hacia el rincón oscuro de la habitación. Todos los presentes se volvieron para descubrir el cuerpo inerte de un hombre desconocido, con una daga incrustada en su pecho.

El detective Manuel Soto se acercó rápidamente al cuerpo y examinó la escena del crimen. "Parece que hemos tropezado con un misterio real", murmuró para sí mismo.

El inspector Soto entrevistó a los presentes uno por uno. Cada uno tenía una coartada sólida, pero también tenían secretos ocultos que podrían haberlos llevado a cometer un asesinato. La señora García, una anciana adinerada, confesó que el difunto le había estado extorsionando por un oscuro secreto de su pasado.

Ricardo Mendoza, el enigmático caballero, parecía tener conexiones con el mundo del espionaje, y su presencia en el hotel levantó sospechas. Incluso Victoria Belmonte tenía su parte de secretos, incluidos celos profesionales y rivalidades.

El inspector Soto recorrió las lluviosas calles de Madrid, siguiendo pistas y desentrañando conexiones. Mientras tanto, el público esperaba ansiosamente en el hotel, cada uno con sus propias teorías sobre quién podría ser el asesino.

Después de días de investigación, el inspector Soto finalmente convocó a todos en la sala donde se había cometido el crimen. Con aire tranquilo pero autoritario, presentó sus conclusiones.

"El asesino es...", comenzó el inspector, pausando para aumentar la tensión, "Ricardo Mendoza."

Los presentes murmuraron sorprendidos mientras Mendoza trataba de mantener su compostura. El inspector Soto explicó cómo había descubierto que Mendoza tenía conexiones con el hombre asesinado y que, motivado por un antiguo resentimiento, había aprovechado la confusión de la presentación del libro para cometer el crimen.

Con la verdad revelada, Mendoza admitió su culpa. "Fui cegado por la ira y la venganza", confesó con voz apagada.

Y así, en medio de la lluvia que seguía cayendo, el misterio que había envuelto al Hotel Reina Victoria se resolvió. La audiencia y los investigadores se dispersaron, dejando atrás una historia de pasiones oscuras y secretos mortales en las calles de Madrid.

Intrigue on the Streets of Madrid

Rain fell on the cobbled streets of Madrid, creating an aura of mystery in the air. In the elegant parlor of the Hotel Reina Victoria, a diverse group of guests had gathered to witness the presentation of the latest book by the famous mystery novelist, Victoria Belmonte.

Among the attendees were the distinguished Mrs. García, the handsome detective Manuel Soto, and the enigmatic gentleman Ricardo Mendoza. As the sound of applause faded away, Victoria Belmonte stood up to thank her audience, but before she could say a word, a scream echoed through the room.

"He's dead!" exclaimed Mrs. García, pointing toward the dark corner of the room. All present turned to discover the lifeless body of an unknown man, a dagger embedded in his chest.

Detective Manuel Soto quickly approached the body and examined the crime scene. "It seems we've stumbled upon a real mystery," he murmured to himself.

Inspector Soto interviewed the attendees one by one. Each had a solid alibi, but they also harbored hidden secrets that could have driven them to commit murder. Mrs. García, a wealthy elderly woman, confessed that the deceased had been blackmailing her over a dark secret from her past. Ricardo Mendoza, the enigmatic gentleman, seemed to have connections to the world of espionage, raising suspicions about his presence at the hotel.

Even Victoria Belmonte had her share of secrets, including professional jealousies and rivalries.

Inspector Soto walked the rainy streets of Madrid, following clues and unraveling connections. Meanwhile, the audience anxiously awaited in the hotel, each with their own theories about who the murderer could be.

After days of investigation, Inspector Soto finally summoned everyone to the room where the crime had occurred. With a calm yet authoritative demeanor, he presented his conclusions.

"The murderer is..." the inspector began, pausing to build tension, "Ricardo Mendoza."

The attendees murmured in surprise as Mendoza tried to maintain his composure. Inspector Soto explained how he had discovered Mendoza's connections to the murdered man and how, driven by an old resentment, he had seized the confusion of the book presentation to commit the crime.

With the truth revealed, Mendoza admitted his guilt. "I was blinded by anger and revenge," he confessed in a subdued voice.

And so, amidst the continuing rainfall, the mystery that had enveloped the Hotel Reina Victoria was resolved. The audience and the investigators dispersed, leaving behind a tale of dark passions and deadly secrets on the streets of Madrid.

El Enigma de la Estatua Perdida

La brisa fresca de la mañana agitaba las hojas de los árboles en el Parque del Retiro en Madrid. El detective Manuel Soto caminaba con paso firme hacia la fuente central, donde estaba citado para encontrarse con un misterioso informante. Soto era conocido por su perspicacia y su habilidad para resolver los casos más enigmáticos de la ciudad.

El informante, un hombre encapuchado, emergió de las sombras y entregó a Soto una carta sellada con el emblema de la familia Real. "Esto podría interesarle, detective", susurró antes de desaparecer nuevamente en la penumbra.

Soto abrió la carta y leyó las palabras que despertaron su interés: "La estatua de la Reina Isabella, desaparecida hace un siglo, será encontrada en el corazón del parque a la luz de la luna llena".

Intrigado, Soto decidió investigar el caso de la estatua perdida de la Reina Isabella. A medida que exploraba la historia de la monarquía y las leyendas que rodeaban a la desaparición de la estatua, descubrió intrigas palaciegas y rivalidades antiguas.

Siguiendo las pistas en las notas de los historiadores, Soto se adentró en los recovecos del parque durante la noche de luna llena. A medida que la luz plateada bañaba el lugar, una figura oscura se recortó contra la piedra antigua. La estatua de la Reina Isabella, tallada con gracia y elegancia, finalmente reapareció ante los ojos del detective.

Pero la resolución del enigma no fue tan simple. Junto a la estatua, Soto encontró una serie de símbolos encriptados que formaban un mensaje críptico. Con su mente aguda, Soto descifró el mensaje que llevó a una dirección desconocida en el corazón de Madrid.

La dirección conducía a una antigua mansión abandonada. Allí, Soto descubrió una sala secreta llena de artefactos históricos, documentos ocultos y una serie de cuadernos con escritura meticulosa. A medida que revisaba los cuadernos, Soto se dio cuenta de que había tropezado con una conspiración que se remontaba siglos atrás.

Desentrañando cada pista, Soto descubrió que la estatua había sido robada como parte de un elaborado plan para ocultar un secreto real que podría cambiar el curso de la historia de España. Con la ayuda de sus habilidades deductivas, Soto reconstruyó la trama detrás del robo y reveló la verdad que yacía oculta durante generaciones.

El enigma de la estatua perdida se había resuelto gracias a la inteligencia y perseverancia del detective Manuel Soto. La historia que emergió de las sombras de la historia de Madrid dejó una marca indeleble en la vida del detective, quien continuó resolviendo misterios y enigmas en las calles de la ciudad, donde cada rincón esconde sus propios secretos.

The Enigma of the Lost Statue

The cool morning breeze rustled the leaves of the trees in Madrid's Retiro Park. Detective Manuel Soto walked with steady strides towards the central fountain, where he was scheduled to meet with a mysterious informant. Soto was known for his keen insight and ability to solve the city's most enigmatic cases.

The informant, a hooded figure, emerged from the shadows and handed Soto a sealed letter bearing the Royal family's emblem. "This might interest you, detective," he whispered before disappearing back into the darkness.

Soto opened the letter and read the words that piqued his interest: "The statue of Queen Isabella, lost a century ago, will be found in the heart of the park under the light of the full moon."

Intrigued, Soto decided to investigate the case of the lost statue of Queen Isabella. As he delved into the history of the monarchy and the legends surrounding the statue's disappearance, he uncovered palace intrigues and ancient rivalries.

Following clues from historians' notes, Soto ventured into the corners of the park on the night of the full moon. As the silver light bathed the area, a dark figure was silhouetted against the ancient stone. The statue of Queen Isabella, carved with grace and elegance, finally reappeared before the detective's eyes.

But solving the puzzle wasn't as simple. Alongside the statue, Soto found a series of encrypted symbols that formed a cryptic message. With his sharp mind, Soto deciphered the message, leading to an unknown address in the heart of Madrid.

The address led to an old, abandoned mansion. There, Soto discovered a secret chamber filled with historical artifacts, hidden documents, and a series of meticulously written notebooks. As he went through the notebooks, Soto realized he had stumbled upon a conspiracy that stretched back centuries.

Unraveling each clue, Soto discovered that the statue had been stolen as part of an elaborate plan to conceal a royal secret that could alter the course of Spain's history. With the help of his deductive skills, Soto pieced together the plot behind the theft and revealed the truth that had been hidden for generations.

The enigma of the lost statue had been solved thanks to the intelligence and perseverance of Detective Manuel Soto. The story that emerged from the shadows of Madrid's history left an indelible mark on the detective's life, as he continued to solve mysteries and enigmas on the city's streets, where every corner holds its own secrets.

El Misterio de los Gemelos Desaparecidos

El sol poniente teñía el horizonte de tonos dorados mientras el detective Manuel Soto paseaba por el laberinto de calles en el corazón de Madrid. En esta ocasión, se encontraba frente a un caso que había desconcertado a la ciudad entera: la repentina desaparición de los gemelos Hernández, dos jóvenes artistas prometedores.

La última vez que se les había visto, los gemelos habían estado preparándose para su primera gran exhibición en una galería de arte. Soto examinó su estudio, donde encontró pistas dispersas: lienzos a medio terminar, pinceles secos y una carta sin abrir con el sello de la galería.

El detective se sumergió en el mundo de los artistas y descubrió que los gemelos Hernández eran conocidos por su arte vanguardista y sus personalidades enigmáticas. Había rumores de rivalidades y tensiones dentro de su círculo artístico, lo que aumentó el misterio de su desaparición.

Entrevistando a amigos y colegas de los gemelos, Soto comenzó a desentrañar los hilos de secretos y resentimientos. Una conversación casual con un artista rival arrojó luz sobre la noche en que desaparecieron. El rival mencionó una discusión acalorada entre los gemelos y otro artista en la galería, momentos antes de su desaparición.

Soto rastreó al otro artista, un pintor con una técnica tradicional que contrastaba fuertemente con la experimentación de los gemelos. En su estudio, el pintor admitió que había tenido un altercado con los gemelos esa noche, pero negó saber algo sobre su desaparición.

Sin embargo, mientras Soto exploraba el estudio, notó un lienzo oculto en un rincón. Al desplegarlo, reveló una obra en la que los gemelos Hernández eran retratados con expresiones atormentadas, atrapados en una tormenta de colores oscuros y vívidos. Junto al lienzo, había una carta dirigida a los gemelos, llena de acusaciones y amenazas.

El detective comprendió que había descubierto la clave para resolver el misterio. Siguiendo las pistas en la carta, Soto llegó a un lugar abandonado en las afueras de Madrid. Allí, encontró a los gemelos Hernández, asustados y desorientados, pero a salvo.

Después de calmar sus temores, los gemelos relataron su historia. El pintor rival, celoso de su éxito y estilo innovador, había decidido secuestrarlos para robar sus ideas y técnicas. Los había retenido en ese lugar abandonado mientras les exigía que compartieran sus secretos artísticos.

Con las pruebas en mano, Soto arrestó al pintor y aseguró la liberación de los gemelos Hernández. La ciudad celebró el regreso de los talentosos artistas y el ingenio del detective que había resuelto el enigma detrás de su desaparición.

Y así, el nombre de Manuel Soto volvió a resonar en las calles de Madrid como el detective que nunca se daba por vencido, cuya astucia y tenacidad siempre descifraban los misterios más oscuros que acechaban en los rincones de la ciudad.

The Mystery of the Disappeared Twins

The setting sun painted the horizon in shades of gold as Detective Manuel Soto strolled through the labyrinthine streets at the heart of Madrid. This time, he faced a case that had puzzled the entire city: the sudden disappearance of the Hernandez twins, two promising young artists.

The last time they had been seen, the twins had been preparing for their first major art exhibition at a gallery. Soto examined their studio, where he found scattered clues: half-finished canvases, dried brushes, and an unopened letter sealed with the gallery's emblem.

The detective delved into the artists' world and discovered that the Hernandez twins were known for their avant-garde art and enigmatic personalities. There were rumors of rivalries and tensions within their artistic circle, adding to the mystery of their disappearance.

Interviewing friends and colleagues of the twins, Soto began to unravel threads of secrets and resentments. A casual conversation with a rival artist shed light on the night they disappeared. The rival mentioned a heated argument between the twins and another artist at the gallery, moments before their disappearance.

Soto tracked down the other artist, a painter with a traditional technique that sharply contrasted with the twins' experimentation. In his studio, the painter admitted to having a confrontation with the twins that night but denied knowing anything about their disappearance.

However, as Soto explored the studio, he noticed a hidden canvas in a corner. Unfurling it revealed a work depicting the Hernandez twins with tormented expressions, trapped in a storm of dark and vivid colors. Next to the canvas was a letter addressed to the twins, filled with accusations and threats.

The detective understood that he had uncovered the key to solving the mystery. Following the clues in the letter, Soto arrived at an abandoned location on the outskirts of Madrid. There, he found the Hernandez twins, frightened and disoriented but safe.

After calming their fears, the twins recounted their story. The jealous rival painter had decided to kidnap them to steal their ideas and techniques. He had held them captive in that abandoned place while demanding they share their artistic secrets.

With evidence in hand, Soto arrested the painter and ensured the release of the Hernandez twins. The city celebrated the return of the talented artists and the ingenuity of the detective who had unraveled the enigma behind their disappearance.

And so, the name of Manuel Soto echoed once again in the streets of Madrid as the detective who never gave up, whose cunning and tenacity always unraveled the darkest mysteries lurking in the corners of the city.

El Misterio del Relojero de la Puerta del Sol

La Plaza Mayor de Madrid brillaba bajo el cálido sol de la tarde cuando el detective Manuel Soto se encontró con un caso que desafiaría incluso su sagacidad. El famoso relojero de la Puerta del Sol, don Rafael García, había sido asesinado en su taller. Soto se dispuso a desentrañar el misterio detrás de este crimen que había conmocionado a la ciudad entera.

Soto llegó al taller del relojero y encontró el lugar revuelto, con engranajes y herramientas esparcidas por el suelo. Una antigua caja de reloj había sido forzada, como si alguien hubiera estado buscando algo con premura. El reloj que don Rafael había estado reparando yacía en el suelo, como un testigo silencioso de la tragedia.

El detective se sumergió en la vida del relojero, entrevistando a su familia y amigos. Descubrió que don Rafael había estado obsesionado con la restauración de un reloj antiguo que se decía tenía un valor incalculable. Pero nadie sabía la verdadera identidad ni el origen de ese reloj.

Soto rastreó los movimientos de don Rafael en los días previos a su asesinato. Encontró que había estado en contacto con coleccionistas de antigüedades y visitado bibliotecas en busca de información sobre relojes históricos. Estaba claro que el reloj antiguo era clave para resolver el misterio.

Siguiendo una pista, Soto descubrió una tienda de antigüedades en el corazón de Madrid. Allí, el dueño le mostró un reloj que coincidía con la descripción del reloj que don Rafael estaba restaurando. La tienda había adquirido el reloj de un vendedor ambulante, pero el dueño no sabía nada más sobre su procedencia.

Con el reloj en mano, Soto siguió investigando. Después de estudiar minuciosamente el reloj, encontró una pequeña inscripción en la parte trasera que lo llevó a una dirección en el Barrio de las Letras. Allí, descubrió un taller secreto donde don Rafael había estado trabajando en la restauración del reloj.

En el taller, Soto encontró pistas que lo llevaron a un antiguo gremio de relojeros que había existido en Madrid durante siglos. Don Rafael había estado desenterrando secretos que habían estado ocultos durante generaciones, y alguien había decidido silenciarlo.

Después de una intensa investigación, Soto finalmente reveló la verdad detrás del misterio. El gremio de relojeros había estado protegiendo un secreto vinculado al reloj antiguo, y don Rafael se había acercado demasiado a descubrirlo. Uno de los miembros del gremio, lleno de temor por lo que podría revelar, había cometido el asesinato.

El misterio del relojero de la Puerta del Sol se había resuelto gracias a la perseverancia y astucia de Manuel Soto. La ciudad volvió a encontrar la calma, pero el detective sabía que siempre habría más enigmas que desentrañar en las calles de Madrid, donde la historia y el misterio convergen en un constante juego de sombras y luces.

The Mystery of the Clockmaker of Puerta del Sol

The Plaza Mayor in Madrid glittered under the warm afternoon sun as Detective Manuel Soto encountered a case that would challenge even his sharpness. The famous clockmaker of Puerta del Sol, Don Rafael García, had been murdered in his workshop. Soto set out to unravel the mystery behind this crime that had shaken the entire city.

Soto arrived at the clockmaker's workshop and found the place in disarray, with gears and tools scattered on the floor. An old watch box had been forced open, as if someone had been searching for something urgently. The clock that Don Rafael had been repairing lay on the ground, like a silent witness to the tragedy.

The detective delved into the clockmaker's life, interviewing his family and friends. He discovered that Don Rafael had been obsessed with restoring an antique clock rumored to have immeasurable value. But no one knew the true identity or origin of that clock.

Soto traced Don Rafael's movements in the days leading up to his murder. He found that he had been in contact with antique collectors and had visited libraries in search of information about historical clocks. It was clear that the antique clock was key to solving the mystery.

Following a lead, Soto discovered an antique shop in the heart of Madrid. There, the owner showed him a clock that matched the description of the clock Don Rafael had been restoring. The shop had acquired the clock from a street vendor, but the owner knew nothing more about its provenance.

With the clock in hand, Soto continued his investigation. After closely examining the clock, he found a small inscription on the back that led him to an address in the Barrio de las Letras. There, he discovered a secret workshop where Don Rafael had been working on restoring the clock.

In the workshop, Soto found clues that led him to an ancient clockmaker's guild that had existed in Madrid for centuries. Don Rafael had been uncovering secrets that had been hidden for generations, and someone had decided to silence him.

After an intense investigation, Soto finally revealed the truth behind the mystery. The clockmaker's guild had been guarding a secret linked to the antique clock, and Don Rafael had come too close to uncovering it. One of the guild members, filled with fear of what he might reveal, had committed the murder.

The mystery of the clockmaker of Puerta del Sol had been solved thanks to Manuel Soto's perseverance and cunning. The city regained its calm, but the detective knew that there would always be more enigmas to unravel on the streets of Madrid, where history and mystery converge in a constant play of shadows and light.

La Sombra en el Palacio de la Luna

La luna llena brillaba en el cielo estrellado sobre el Palacio de Cibeles cuando el detective Manuel Soto recibió una llamada urgente. Un valioso diamante, conocido como "La Joya Lunar", había sido robado de una exhibición especial en el Palacio. Soto sabía que enfrentaba un caso de gran envergadura que requeriría todas sus habilidades deductivas.

Al llegar al Palacio de Cibeles, Soto se encontró con un escenario caótico. La exhibición había sido interrumpida, y los visitantes estaban en estado de shock. La seguridad estaba en apuros, incapaz de comprender cómo alguien podría haber burlado su impenetrable sistema de protección.

Soto comenzó su investigación examinando las medidas de seguridad y entrevistando al personal. Descubrió que el diamante había sido robado en medio de la confusión causada por un corte de energía. Al parecer, el ladrón había aprovechado la oscuridad para llevar a cabo su audaz robo.

El detective estudió meticulosamente las cámaras de seguridad y encontró una pista. En una grabación, vio una sombra escurridiza moviéndose en el momento del corte de energía. Era un indicio crucial que lo llevaría a la identidad del ladrón.

Soto se embarcó en una búsqueda que lo llevó por los callejones y plazas de Madrid. Siguiendo pistas dispersas, llegó a una antigua joyería en el Barrio de Salamanca. Allí, el dueño reveló que había sido extorsionado por un misterioso hombre enmascarado para esconder el diamante robado.

La siguiente pista llevó a Soto a un teatro abandonado en el corazón de Madrid. En el oscuro escenario, encontró una caja cerrada que contenía una carta y, junto a ella, "La Joya Lunar". La carta revelaba que el ladrón no había robado el diamante por riqueza, sino para recuperar un antiguo honor familiar.

Soto siguió las pistas de la carta y se encontró con un aristócrata en decadencia, cuya familia había sido deshonrada en el pasado. El aristócrata admitió el robo y confesó que había estado obsesionado con restaurar la honra de su familia.

Con el misterio resuelto, Soto enfrentó un dilema moral. Por un lado, el aristócrata merecía castigo por su robo, pero por otro, había actuado desde la desesperación de redimir la reputación de su familia.

Finalmente, Soto decidió que el aristócrata debería enfrentar las consecuencias de sus acciones, pero también merecía una oportunidad para enmendar sus errores. El caso de "La Joya Lunar" demostró una vez más que la justicia podía ser más compleja de lo que parecía a simple vista.

Así, el detective Manuel Soto resolvió otro intrincado misterio en las calles de Madrid, dejando tras de sí un rastro de preguntas y reflexiones en la luz de la luna llena.

The Shadow in the Palace of the Moon

The full moon shone in the starry sky above the Cybele Palace when Detective Manuel Soto received an urgent call. A valuable diamond, known as "The Lunar Jewel," had been stolen from a special exhibition at the Palace. Soto knew he was facing a major case that would require all his deductive skills.

Upon arriving at the Cybele Palace, Soto encountered a chaotic scene. The exhibition had been disrupted, and visitors were in a state of shock. Security was struggling, unable to comprehend how someone could have bypassed their impenetrable protection system.

Soto began his investigation by examining the security measures and interviewing the staff. He discovered that the diamond had been stolen amidst the confusion caused by a power outage. Apparently, the thief had taken advantage of the darkness to carry out their audacious robbery.

The detective meticulously studied the security cameras and found a clue. In a recording, he saw an elusive shadow moving at the moment of the power cut. It was a crucial hint that would lead him to the identity of the thief.

Soto embarked on a search that took him through the alleys and squares of Madrid. Following scattered clues, he arrived at an old jewelry store in the Salamanca District. There, the owner revealed that he had been extorted by a mysterious masked man to hide the stolen diamond.

The next lead led Soto to an abandoned theater in the heart of Madrid. On the dark stage, he found a locked box that contained a letter and, next to it, "The Lunar Jewel." The letter revealed that the thief hadn't stolen the diamond for wealth, but to restore an ancient family honor.

Soto followed the clues from the letter and encountered a fallen aristocrat, whose family had been dishonored in the past. The aristocrat admitted to the theft and confessed that he had been obsessed with restoring his family's honor.

With the mystery solved, Soto faced a moral dilemma. On one hand, the aristocrat deserved punishment for his theft, but on the other, he had acted out of desperation to redeem his family's reputation.

Ultimately, Soto decided that the aristocrat should face the consequences of his actions, but he also deserved a chance to make amends for his mistakes. The case of "The Lunar Jewel" once again demonstrated that justice could be more complex than it seemed at first glance.

And so, Detective Manuel Soto solved another intricate mystery on the streets of Madrid, leaving behind a trail of questions and reflections in the light of the full moon.

El Enigma de los Cuadros Desaparecidos

Las luces de la Galería de Arte Reina Sofía brillaban sobre las obras maestras que adornaban las paredes cuando el detective Manuel Soto recibió una llamada urgente. Dos cuadros de valor incalculable habían desaparecido en plena noche, dejando un vacío en medio de la exposición más esperada del año. Soto sabía que se enfrentaba a un misterio desafiante que requeriría todas sus habilidades de investigación.

Al llegar a la galería, Soto encontró a los curadores y al personal en estado de conmoción. Los cuadros robados, uno del famoso pintor español Miguel García y otro de la artista internacional Laura Berger, habían sido los principales atractivos de la exposición. Nadie entendía cómo alguien había logrado burlar la seguridad tan eficiente del lugar.

Soto comenzó su investigación inspeccionando la sala de exposiciones y examinando los sistemas de seguridad. Descubrió que los cuadros habían sido robados de manera audaz, sin dejar rastro alguno. Sin embargo, el detective sabía que siempre había pistas, aunque fueran sutiles.

Estudiando meticulosamente las cámaras de seguridad, Soto notó un detalle intrigante: un visitante misterioso que parecía estar demasiado interesado en los cuadros antes de su desaparición. Con la imagen del visitante en mente, Soto comenzó a rastrear su identidad.

La búsqueda lo llevó a un pequeño café en el Barrio de Lavapiés. Allí, habló con el dueño, quien recordó haber visto al visitante misterioso la noche del robo. Describió al hombre como un enigmático coleccionista de arte que había estado preguntando sobre los cuadros robados.

Soto profundizó su investigación y descubrió que el coleccionista en cuestión tenía una reputación de adquirir arte de manera poco convencional. Había rumores de tratos oscuros y conexiones en el mundo del crimen. El detective comprendió que estaba lidiando con un oponente astuto y peligroso.

Después de una serie de pistas y encuentros clandestinos, Soto finalmente encontró al coleccionista en una mansión abandonada a las afueras de Madrid. Allí, el coleccionista admitió el robo de los cuadros, pero reveló que lo había hecho para protegerlos de un plan de falsificación.

Según su relato, había descubierto una red de falsificadores de arte que planeaban reemplazar los cuadros originales con copias perfectas. Incapaz de permitir que tal engaño ocurriera, el coleccionista había robado los cuadros para mantenerlos a salvo hasta que la verdad saliera a la luz.

Soto, impresionado por la complejidad de la situación, decidió unir fuerzas con el coleccionista para exponer a los falsificadores. Juntos, desarrollaron un plan para desmantelar la red y restaurar la autenticidad de las obras maestras.

El enigma de los cuadros desaparecidos se resolvió gracias a la astucia y tenacidad de Manuel Soto. La Galería de Arte Reina Sofía pudo reabrir su exposición con los cuadros originales, y la ciudad admiró una vez más la destreza del detective que nunca dejaba que un misterio quedara sin resolver en las calles de Madrid.

27

The Enigma of the Vanishing Paintings

The lights of the Reina Sofia Art Gallery illuminated the masterpieces adorning the walls as Detective Manuel Soto received an urgent call. Two paintings of immeasurable value had disappeared in the dead of night, leaving a void in the midst of the most anticipated art exhibition of the year. Soto knew he was facing a challenging mystery that would require all of his investigative skills.

Upon arriving at the gallery, Soto found the curators and staff in a state of shock. The stolen paintings, one by the renowned Spanish artist Miguel García and another by international artist Laura Berger, had been the main highlights of the exhibition. No one could comprehend how someone had managed to bypass the gallery's highly efficient security.

Soto began his investigation by inspecting the exhibition hall and examining the security systems. He discovered that the paintings had been stolen boldly, leaving no trace behind. However, the detective knew that there were always clues, even if they were subtle.

Meticulously studying the security cameras, Soto noticed an intriguing detail: a mysterious visitor who seemed overly interested in the paintings before their disappearance. With the image of the visitor in mind, Soto began tracing their identity.

The search led him to a small café in the Lavapiés neighborhood. There, he spoke with the owner, who recalled seeing the mysterious visitor on the night of the robbery. The owner described the man as an enigmatic art collector who had been asking about the stolen paintings.

Soto deepened his investigation and discovered that the collector in question had a reputation for acquiring art in unconventional ways. There were rumors of shady dealings and connections in the world of crime. The detective realized he was dealing with a cunning and dangerous opponent.

After a series of clues and clandestine encounters, Soto finally found the collector in an abandoned mansion on the outskirts of Madrid. There, the collector admitted to stealing the paintings but revealed that he had done it to protect them from a forgery scheme.

According to his account, he had uncovered a network of art forgers planning to replace the original paintings with flawless replicas. Unable to let such deceit occur, the collector had stolen the paintings to keep them safe until the truth came to light.

Impressed by the complexity of the situation, Soto decided to join forces with the collector to expose the forgers. Together, they devised a plan to dismantle the network and restore the authenticity of the masterpieces.

The enigma of the vanishing paintings was solved thanks to the cunning and tenacity of Manuel Soto. The Reina Sofia Art Gallery was able to reopen its exhibition with the original paintings, and the city once again admired the skill of the detective who never let a mystery go unsolved on the streets of Madrid.

El Secreto de los Pasadizos Subterráneos

Las sombras se alargaban sobre las antiguas calles de Madrid mientras el detective Manuel Soto caminaba por la Plaza Mayor. Una llamada urgente lo había llevado al corazón de la ciudad, donde se encontró con un caso que lo sumergiría en los misterios de los pasadizos subterráneos que yacían ocultos bajo las calles empedradas.

Una serie de robos misteriosos había desconcertado a los residentes. Joyerías, galerías de arte y tiendas exclusivas habían sido saqueadas durante la noche sin dejar rastro alguno. Los informes iniciales apuntaban a un ladrón altamente habilidoso que parecía moverse con destreza por la ciudad.

Soto comenzó su investigación hablando con los propietarios de las tiendas afectadas. Pronto, notó un patrón intrigante: todos los lugares robados tenían entradas cercanas a calles específicas que, según los planos históricos, se alineaban con antiguos pasadizos subterráneos.

El detective se sumergió en la historia de Madrid y descubrió que en tiempos pasados, estos pasadizos habían sido utilizados para el contrabando y como rutas de escape en tiempos de guerra. Soto estaba convencido de que el ladrón estaba utilizando esta red subterránea para llevar a cabo los robos.

Decidió explorar los pasadizos por sí mismo y se adentró en las profundidades bajo la ciudad. Con una linterna en mano, Soto caminó por los corredores oscuros y húmedos, siguiendo las pistas de huellas y marcas recientes. Finalmente, emergió en una cámara subterránea llena de objetos robados.

Pero el ladrón no estaba allí. En cambio, encontró una serie de mensajes en las paredes, escritos con tiza blanca. Eran acertijos y enigmas que parecían haber sido dejados a propósito. Soto comprendió que estaba en medio de un juego intelectual con el ladrón, quien parecía disfrutar desafiándolo.

A lo largo de varios días, Soto siguió las pistas y resolvió los enigmas, siempre un paso por detrás del ladrón. Finalmente, las pistas lo llevaron a un antiguo teatro en el corazón de Madrid. En el escenario, se encontró con el ladrón, un joven prodigio que resultó ser un apasionado por la historia de la ciudad.

El joven admitió que había estado robando los objetos para llamar la atención sobre los pasadizos subterráneos olvidados y presionar para que se conservaran como parte del patrimonio histórico de Madrid. Su intención era recordar a la ciudad su historia y su rica tradición.

Impresionado por la dedicación del joven, Soto decidió no presentar cargos en su contra, con la condición de que colaborara en la restauración y preservación de los pasadizos subterráneos. Juntos, el detective y el joven ladrón trabajaron para restaurar y abrir parte de la red subterránea al público, compartiendo así la historia oculta bajo las calles de Madrid.

El secreto de los pasadizos subterráneos fue revelado gracias a la inteligencia y comprensión de Manuel Soto. La ciudad ganó no solo un tesoro histórico restaurado, sino también una lección de cómo incluso los ladrones más inusuales pueden tener nobles motivaciones.

The Secret of the Underground Passageways

The shadows lengthened over the ancient streets of Madrid as Detective Manuel Soto walked through the Plaza Mayor. An urgent call had led him to the heart of the city, where he encountered a case that would immerse him in the mysteries of the underground passageways hidden beneath the cobblestone streets.

A series of mysterious robberies had baffled the residents. Jewelry stores, art galleries, and exclusive shops had been looted overnight without leaving a trace. Initial reports pointed to a highly skilled thief who seemed to move with expertise through the city.

Soto began his investigation by speaking to the owners of the affected shops. Soon, he noticed an intriguing pattern: all the targeted places had entrances near specific streets that, according to historical maps, aligned with ancient underground passageways.

The detective delved into Madrid's history and discovered that in the past, these passageways had been used for smuggling and as escape routes in times of war. Soto was convinced that the thief was utilizing this subterranean network to carry out the robberies.

He decided to explore the passageways himself and ventured into the depths beneath the city. With a flashlight in hand, Soto walked through the dark and damp corridors, following the clues of recent footprints and marks. Eventually, he emerged in an underground chamber filled with stolen items.

But the thief wasn't there. Instead, he found a series of messages on the walls, written in white chalk. They were riddles and puzzles that seemed to have been left deliberately. Soto realized he was in the midst of an intellectual game with the thief, who seemed to enjoy challenging him.

Over the course of several days, Soto followed the clues and solved the puzzles, always a step behind the thief. Finally, the clues led him to an old theater in the heart of Madrid. On the stage, he encountered the thief, a young prodigy who turned out to be passionate about the city's history.

The young thief admitted to stealing the items to draw attention to the forgotten underground passageways and to advocate for their preservation as part of Madrid's historical heritage. His intention was to remind the city of its history and rich tradition.

Impressed by the young man's dedication, Soto decided not to press charges against him, on the condition that he would collaborate in the restoration and preservation of the underground passageways. Together, the detective and the young thief worked to restore and open a part of the underground network to the public, thus sharing the hidden history beneath the streets of Madrid.

The secret of the underground passageways was revealed thanks to Manuel Soto's intelligence and understanding. The city gained not only a restored historical treasure but also a lesson in how even the most unusual thieves can have noble motivations.

El Misterio de la Máscara de Azabache

La neblina se alzaba sobre el río Manzanares cuando el detective Manuel Soto se adentró en el Barrio de La Latina, siguiendo el rastro de un nuevo enigma. La ciudad estaba en vísperas de la celebración de San Isidro, pero una sombra había caído sobre la festividad. Una reliquia de valor incalculable, conocida como "La Máscara de Azabache", había sido robada de la iglesia local.

Soto llegó a la iglesia de San Isidro, donde los fieles estaban desolados por la pérdida de la preciada máscara, que se decía tenía propiedades curativas y protectoras. El detective sabía que el robo de una reliquia tan significativa podría causar disturbios en la comunidad y desafiaría su habilidad para resolver el misterio.

Examinando la escena del crimen, Soto notó que la puerta lateral de la iglesia estaba entreabierta. Parecía que el ladrón había ingresado de manera furtiva. Sin embargo, no había signos evidentes de forzamiento. Comenzó a cuestionar a los feligreses y a los vecinos, buscando pistas que lo llevaran al paradero de la máscara.

La investigación lo condujo a una antigua tienda de antigüedades en el corazón del barrio. El dueño, un hombre de apariencia misteriosa, admitió haber adquirido la máscara, pero afirmó que no sabía que era robada. Alegó que un desconocido había vendido la máscara y desaparecido en las sombras.

Soto sabía que necesitaba profundizar más. Rastreando los movimientos del dueño de la tienda, descubrió que tenía conexiones con un mundo de coleccionistas de objetos antiguos y valiosos. Cada pista lo llevaba a una red subterránea de tratos clandestinos.

En su búsqueda, Soto encontró una serie de máscaras falsificadas que habían sido creadas para confundir a posibles rastreadores. Comprendió que había más en juego de lo que parecía a simple vista. Un antiguo rumor circulaba en la ciudad sobre una sociedad secreta que creía en el poder místico de la máscara y que estaba dispuesta a hacer cualquier cosa para protegerla.

El detective finalmente rastreó la pista hasta un almacén abandonado en las afueras de Madrid. Allí, enfrentó a un grupo enmascarado que afirmaba ser los guardianes de la máscara. Una confrontación tensa siguió, pero Soto logró persuadirlos de que revelaran su verdadera intención detrás del robo.

Resultó que la sociedad secreta había interpretado mal la situación y creía que la máscara estaba en peligro de caer en manos equivocadas. Habían planeado protegerla a su manera, pero en el proceso habían causado más caos. Soto explicó la verdadera naturaleza del robo y el valor cultural de la máscara para la comunidad.

Con un acuerdo pacífico, la máscara de azabache fue devuelta a la iglesia de San Isidro, restaurando la tranquilidad a tiempo para las celebraciones de la festividad. El misterio detrás del robo se disipó, y la ciudad de Madrid volvió a brillar bajo el sol

primaveral, gracias a la destreza y el ingenio de Detective Manuel
Soto.

43

The Mystery of the Jet Black Mask

The mist rose over the Manzanares River as Detective Manuel Soto ventured into the La Latina neighborhood, following the trail of a new enigma. The city was on the eve of the San Isidro celebration, but a shadow had fallen over the festivity. A relic of immeasurable value, known as the "Jet Black Mask," had been stolen from the local church.

Soto arrived at the Church of San Isidro, where the faithful were devastated by the loss of the precious mask, said to possess healing and protective properties. The detective knew that the theft of such a significant relic could incite turmoil in the community and challenge his ability to solve the mystery.

Examining the crime scene, Soto noticed that the side door of the church was ajar. It seemed that the thief had entered stealthily. However, there were no obvious signs of forced entry. He began questioning parishioners and neighbors, searching for clues that would lead him to the whereabouts of the mask.

The investigation led him to an ancient antique shop in the heart of the neighborhood. The owner, a man of mysterious appearance, admitted to acquiring the mask but claimed he didn't know it was stolen. He alleged that a stranger had sold the mask to him and vanished into the shadows.

Soto knew he needed to dig deeper. Tracing the movements of the shop owner, he discovered connections to a world of collectors of ancient and valuable items. Each clue led him into an underground network of clandestine deals.

In his pursuit, Soto found a series of counterfeit masks that had been created to confuse potential trackers. He understood that more was at stake than met the eye. An ancient rumor circulated in the city about a secret society that believed in the mystical power of the mask and was willing to do anything to protect it.

The detective finally traced the lead to an abandoned warehouse on the outskirts of Madrid. There, he confronted a masked group claiming to be the guardians of the mask. A tense confrontation ensued, but Soto managed to persuade them to reveal their true intention behind the theft.

It turned out that the secret society had misunderstood the situation and believed the mask was in danger of falling into the wrong hands. They had planned to protect it in their own way but had caused more chaos in the process. Soto explained the true nature of the theft and the cultural value of the mask to the community.

With a peaceful agreement, the jet black mask was returned to the Church of San Isidro, restoring tranquility just in time for the festivities. The mystery behind the theft dissipated, and the city of Madrid once again shone under the spring sun, thanks to the skill and ingenuity of Detective Manuel Soto.

El Enigma de la Melodía Perdida

En las estrechas callejuelas del Barrio de las Letras, el detective Manuel Soto paseaba una tarde tranquila cuando el suave sonido de un violín lo atrajo hacia una pequeña tienda de antigüedades. El dueño de la tienda le contó sobre un misterio que había intrigado a la comunidad artística de Madrid: la desaparición de la partitura original de una melodía legendaria.

La melodía, conocida como "La Serenata del Alma", había sido compuesta por un músico anónimo hace siglos y se decía que tenía el poder de tocar los corazones de quienes la escuchaban. Sin embargo, la partitura había desaparecido misteriosamente de la Biblioteca Nacional, y el mundo de la música estaba en luto por su pérdida.

Soto decidió sumergirse en el enigma y comenzó investigando en la Biblioteca Nacional. Allí, encontró pistas dispersas en los archivos y documentos antiguos que indicaban que la partitura había sido robada hace décadas. Sin embargo, nadie sabía quién había sido el ladrón ni dónde podría estar oculta la partitura.

Siguiendo las pistas, Soto se adentró en el mundo de la música clásica y los círculos artísticos de Madrid. Habló con músicos ancianos que recordaban la melodía y su impacto en la ciudad. Una de las historias que escuchó lo llevó a una mansión abandonada en las afueras de la ciudad, donde se rumoreaba que un famoso violinista había vivido en el pasado.

Explorando la mansión en ruinas, Soto encontró una habitación secreta que había estado oculta durante años. En su interior, descubrió una serie de cartas y diarios que revelaban una historia de amor prohibido y pasiones musicales. Parecía que el violinista había sido el ladrón de la partitura, motivado por un deseo de mantener viva la melodía que había amado en su juventud.

Soto siguió el rastro de las pistas hasta una antigua tienda de instrumentos musicales en el corazón de Madrid. Allí, habló con el propietario, quien admitió haber adquirido la partitura de manera inconsciente y la había mantenido oculta en su tienda durante años. Había sentido que la melodía merecía ser preservada y compartida con el mundo.

Con la partitura en mano, Soto logró reunir a músicos y artistas en una emotiva interpretación de "La Serenata del Alma". La melodía llenó las calles de Madrid con su belleza y magia, tocando los corazones de todos los que la escucharon. El misterio detrás de la melodía perdida se había resuelto, y la ciudad volvió a sentir la unión entre la música, el arte y el espíritu humano.

Así, Detective Manuel Soto demostró una vez más su capacidad para resolver enigmas que trascienden el tiempo y el espacio, dejando un rastro de inspiración en su camino por las calles históricas de Madrid.

The Enigma of the Lost Melody

In the narrow alleyways of the Barrio de las Letras, Detective Manuel Soto strolled on a tranquil afternoon when the gentle sound of a violin drew him to a small antique shop. The shop owner told him about a mystery that had intrigued the artistic community of Madrid: the disappearance of the original score of a legendary melody.

The melody, known as "The Serenade of the Soul," had been composed by an anonymous musician centuries ago, and it was said to have the power to touch the hearts of those who heard it. However, the score had mysteriously vanished from the National Library, and the music world was in mourning for its loss.

Soto decided to delve into the enigma and began investigating at the National Library. There, he found scattered clues in the archives and ancient documents indicating that the score had been stolen decades ago. However, no one knew who the thief had been or where the score could be hidden.

Following the leads, Soto delved into the world of classical music and the artistic circles of Madrid. He spoke with elderly musicians who remembered the melody and its impact on the city. One of the stories he heard led him to an abandoned mansion on the outskirts of the city, where it was rumored that a famous violinist had lived in the past.

Exploring the crumbling mansion, Soto found a secret room that had been hidden for years. Inside, he discovered a series of letters and diaries that revealed a story of forbidden love and musical passions. It seemed that the violinist had been the thief of the score, motivated by a desire to keep alive the melody he had loved in his youth.

Soto followed the trail of clues to an old musical instrument shop in the heart of Madrid. There, he spoke with the owner, who admitted to acquiring the score unknowingly and had kept it hidden in his shop for years. He felt that the melody deserved to be preserved and shared with the world.

With the score in hand, Soto managed to gather musicians and artists for an emotional rendition of "The Serenade of the Soul." The melody filled the streets of Madrid with its beauty and magic, touching the hearts of all who heard it. The mystery behind the lost melody had been solved, and the city once again felt the connection between music, art, and the human spirit.

Thus, Detective Manuel Soto once again demonstrated his ability to solve enigmas that transcend time and space, leaving a trail of inspiration in his path through the historic streets of Madrid.

El Enigma de las Máscaras Olvidadas

En las sombrías callejuelas del Barrio de Lavapiés, el detective Manuel Soto se encontraba disfrutando de un día libre cuando una misteriosa carta llegó a su puerta. La carta, escrita en papel envejecido y cerrada con un sello de cera, le imploraba que investigara un enigma que había confundido a una familia por generaciones.

La familia Martínez había sido conocida durante siglos por su colección de máscaras antiguas, pero en las últimas décadas, varias de ellas habían desaparecido sin dejar rastro. Soto aceptó el desafío y se encontró en el umbral de una casa antigua, rodeado de miradas de retratos ancestrales.

La cabeza de la familia, Don Rafael Martínez, le contó a Soto sobre la leyenda de "Las Máscaras Olvidadas". Según la historia transmitida a través de las generaciones, las máscaras habían sido usadas en ceremonias secretas que databan de tiempos remotos. Se creía que estas máscaras poseían poderes místicos y que su robo estaba relacionado con una maldición que había caído sobre la familia.

Soto comenzó su investigación adentrándose en la rica historia de la familia Martínez y su conexión con las máscaras. Habló con parientes ancianos y estudió documentos antiguos para rastrear los movimientos de las máscaras desaparecidas. En su búsqueda, descubrió que las máscaras habían sido robadas en distintas épocas y lugares.

Una pista lo llevó a una tienda de antigüedades en el centro de Madrid, donde se rumoreaba que una máscara similar estaba a la venta. El dueño de la tienda, un hombre excéntrico y conocedor de artefactos antiguos, admitió que había adquirido la máscara de manera legítima, pero estaba dispuesto a devolverla si se demostraba que estaba relacionada con la familia Martínez.

Soto profundizó en la historia de la máscara y rastreó su origen hasta una región remota de España. Allí, encontró indicios de una conspiración centenaria que involucraba a una sociedad secreta dedicada al poder de las máscaras. El detective se encontró en un dilema moral, pues había descubierto que la maldición era una trama urdida para proteger los secretos de la sociedad.

En un clímax de revelaciones y decisiones difíciles, Soto confrontó a la sociedad secreta y enfrentó la elección de romper el ciclo de engaño y devolver las máscaras a la familia Martínez, o mantener el secreto para proteger las tradiciones de la sociedad.

Finalmente, Soto decidió revelar la verdad a la familia Martínez y devolver las máscaras robadas. La maldición se disipó, y la familia pudo recuperar su legado ancestral. La ciudad de Madrid fue testigo una vez más de la habilidad de Detective Manuel Soto para resolver enigmas que se entrelazan con la historia y la tradición de la ciudad.

The Enigma of the Forgotten Masks

In the shadowy alleyways of the Lavapiés neighborhood, Detective Manuel Soto was enjoying a day off when a mysterious letter arrived at his door. The letter, written on aged paper and sealed with wax, implored him to investigate an enigma that had baffled a family for generations.

The Martínez family had been known for centuries for their collection of ancient masks, but in recent decades, several of them had disappeared without a trace. Soto accepted the challenge and found himself on the threshold of an old house, surrounded by ancestral portrait gazes.

The head of the family, Don Rafael Martínez, told Soto about the legend of the "Forgotten Masks." According to the story passed down through generations, the masks had been used in secret ceremonies dating back to ancient times. It was believed that these masks possessed mystical powers, and their theft was related to a curse that had befallen the family.

Soto began his investigation by delving into the rich history of the Martínez family and their connection to the masks. He spoke to elderly relatives and studied ancient documents to trace the movements of the missing masks. In his search, he discovered that the masks had been stolen at different times and places.

A lead led him to an antique shop in the center of Madrid, where it was rumored that a similar mask was up for sale. The shop owner, an eccentric man knowledgeable about ancient artifacts, admitted that he had acquired the mask legitimately but was willing to return it if it could be proven to be connected to the Martínez family.

Soto delved deeper into the history of the mask and traced its origin to a remote region of Spain. There, he found evidence of a centuries-old conspiracy involving a secret society dedicated to the power of masks. The detective found himself in a moral dilemma, as he had discovered that the curse was a plot devised to protect the society's secrets.

In a climax of revelations and difficult choices, Soto confronted the secret society and faced the decision of breaking the cycle of deception and returning the masks to the Martínez family, or keeping the secret to protect the society's traditions.

Ultimately, Soto chose to reveal the truth to the Martínez family and return the stolen masks. The curse dissipated, and the family was able to reclaim their ancestral legacy. The city of Madrid once again witnessed Detective Manuel Soto's ability to solve enigmas intertwined with the history and tradition of the city.

El Enigma de los Relojes Detenidos

En una fría mañana de invierno, el detective Manuel Soto caminaba por los adoquines resbaladizos de la Plaza Mayor de Madrid. Mientras contemplaba la majestuosidad de los edificios antiguos que la rodeaban, su atención fue capturada por una vitrina de relojes antiguos en una pequeña tienda de antigüedades. Sin embargo, lo que parecían ser simples relojes antiguos pronto se convertirían en el centro de un misterio intrigante.

El dueño de la tienda, un hombre de edad avanzada llamado Don Emilio, le relató a Soto la extraña historia detrás de los relojes. Cada uno de estos relojes, todos ellos hermosas piezas antiguas, tenía la particularidad de haberse detenido en el mismo momento exacto: las 2:37 de la madrugada. Don Emilio, desconcertado por este enigma, le pidió ayuda al detective.

Soto comenzó su investigación hablando con los coleccionistas y amantes de relojes en la ciudad. Pronto descubrió que varios otros relojes con la misma característica habían aparecido en diversas partes de Madrid. Intrigado por esta conexión, Soto se adentró en el mundo de la horología y la historia de la ciudad.

A medida que profundizaba, Soto descubrió que había un patrón que vinculaba a las personas que poseían estos relojes detenidos. Cada una de ellas tenía algún tipo de conexión con un famoso relojero del siglo XIX, Don Sebastián López, conocido por sus habilidades excepcionales. La leyenda decía que López había creado una serie de relojes que podían detenerse a voluntad en el momento exacto en que deseaba capturar la belleza del instante.

Investigando más a fondo la vida de Don Sebastián López, Soto descubrió un antiguo diario en el archivo de la Biblioteca Nacional. El diario revelaba que López había enfrentado una tragedia personal: la pérdida de su amada en un accidente a las 2:37 de la madrugada. Desolado por el dolor, López había creado los relojes detenidos como una forma de capturar el momento en que su mundo se detuvo para siempre.

Soto se dio cuenta de que los relojes detenidos eran más que simples objetos, eran testigos silenciosos de la pasión y el dolor de Don Sebastián López. Con esta revelación, se reunió con los propietarios de los relojes y compartió la historia detrás de ellos. Juntos, decidieron crear una exposición en honor a López y a los momentos preciosos que había capturado.

La exposición de los relojes detenidos se convirtió en un homenaje conmovedor a la habilidad de López para detener el tiempo en un instante eterno. Madrid celebró su legado y el poder que la memoria y la historia tienen para unir a las personas a través del tiempo. Una vez más, el detective Manuel Soto demostró su destreza en desentrañar misterios que revelan las capas ocultas de la ciudad y su gente.

The Enigma of the Stopped Clocks

On a cold winter morning, Detective Manuel Soto walked on the slippery cobblestones of Madrid's Plaza Mayor. As he admired the grandeur of the ancient buildings surrounding him, his attention was captured by a display of antique clocks in a small antique shop. However, what appeared to be simple antique clocks would soon become the center of an intriguing mystery.

The shop owner, an elderly man named Don Emilio, recounted to Soto the strange story behind the clocks. Each of these clocks, all of them beautiful antique pieces, had the peculiarity of having stopped at the exact same moment: 2:37 in the early morning. Perplexed by this enigma, Don Emilio asked for the detective's help.

Soto began his investigation by talking to collectors and clock enthusiasts in the city. He soon discovered that several other clocks with the same feature had appeared in various parts of Madrid. Intrigued by this connection, Soto delved into the world of horology and the city's history.

As he delved deeper, Soto discovered that there was a pattern connecting the people who owned these stopped clocks. Each of them had some kind of connection to a famous 19th-century clockmaker, Don Sebastián López, known for his exceptional skills. Legend said that López had created a series of clocks that could be stopped at will at the exact moment he wished to capture the beauty of the instant.

Digging further into the life of Don Sebastián López, Soto discovered an ancient diary in the National Library's archive. The diary revealed that López had faced a personal tragedy: the loss of his beloved in an accident at 2:37 in the early morning. Desolated by grief, López had created the stopped clocks as a way to capture the moment when his world stopped forever.

Soto realized that the stopped clocks were more than simple objects; they were silent witnesses to the passion and pain of Don Sebastián López. With this revelation, he gathered the owners of the clocks and shared the story behind them. Together, they decided to create an exhibition in honor of López and the precious moments he had captured.

The exhibition of the stopped clocks became a touching tribute to López's ability to halt time in an eternal instant. Madrid celebrated his legacy and the power that memory and history have to unite people across time. Once again, Detective Manuel Soto demonstrated his skill in unraveling mysteries that reveal the hidden layers of the city and its people.

El Misterio de la Galería Encantada

En las calles adoquinadas del Barrio de Salamanca, el detective Manuel Soto caminaba bajo la tenue luz de farolas elegantes. Su atención fue atraída por una galería de arte abandonada con un aire de misterio que parecía susurrar historias olvidadas. Con su curiosidad aguijoneada, decidió adentrarse en el mundo de las obras de arte y los secretos ocultos.

La Galería Sombra Lunar había sido un lugar de renombre en sus días de gloria, pero había sido abandonada durante años, envuelta en rumores de fenómenos extraños. Vecinos hablaban de sombras que parecían moverse y susurros que flotaban en el aire en la noche. Soto decidió investigar los rumores y descubrir la verdad detrás de la galería encantada.

Explorando el interior oscuro de la galería, Soto encontró cuadros cubiertos de polvo y esculturas ennegrecidas por el tiempo. Sin embargo, uno de los cuadros atrajo su atención: un retrato antiguo de una mujer hermosa con ojos que parecían estar vivos. Soto sintió que la mirada de la mujer lo seguía a medida que se movía por la habitación.

Investigando más a fondo, Soto descubrió que la mujer del retrato había sido Isabel Rojas, una joven artista cuyos trabajos habían sido aclamados en su época. Sin embargo, su vida había sido envuelta en tragedia y misterio, y su muerte temprana había dejado un aura de intriga en torno a su legado.

Hablando con los pocos que aún recordaban a Isabel, Soto descubrió que había una historia de amor perdido y un cuadro final inacabado que se decía que contenía su esencia. La galería estaba llena de rumores de que el espíritu de Isabel aún habitaba el lugar y buscaba terminar su última obra maestra.

Convencido de que había más en juego de lo que se veía a simple vista, Soto decidió profundizar aún más en la historia. Descubrió que Isabel había tenido un amor apasionado con un pintor rival, Enrique Montoya, y que su relación había sido marcada por celos y rivalidades. El cuadro inacabado se convirtió en un símbolo de su amor no resuelto.

Soto se adentró en el oscuro corazón de la galería en busca de respuestas. En una habitación escondida, encontró el cuadro inacabado y sintió una presencia que parecía envolverlo. En un acto de valentía, Soto completó el cuadro con sus propios trazos, liberando el espíritu de Isabel que había estado atrapado en la inmortalidad inacabada.

Con el cuadro completo, la galería cobró vida en una explosión de colores y emociones. Soto presenció una danza de luces que parecían celebrar la resolución de un amor perdido. La historia de Isabel y Enrique finalmente encontró su cierre, y la galería encantada volvió a la vida con un sentido de paz y reconciliación.

La ciudad de Madrid volvió a brillar con la luz de un misterio resuelto, gracias a la intrepidez y compasión del detective Manuel Soto. Una vez más, dejó su huella en la historia de la ciudad y demostró que incluso los enigmas más oscuros pueden encontrar su resolución en la luz de la verdad.

The Mystery of the Enchanted Gallery

In the cobblestone streets of the Salamanca neighborhood, Detective Manuel Soto walked beneath the soft glow of elegant street lamps. His attention was drawn to an abandoned art gallery with an air of mystery that seemed to whisper forgotten stories. With his curiosity piqued, he decided to delve into the world of artworks and hidden secrets.

The Lunar Shadow Gallery had once been a renowned establishment in its glory days, but it had been abandoned for years, shrouded in rumors of strange phenomena. Neighbors spoke of shadows that seemed to move and whispers that floated in the air at night. Soto decided to investigate the rumors and uncover the truth behind the enchanted gallery.

Exploring the dim interior of the gallery, Soto found paintings covered in dust and sculptures blackened by time. However, one painting caught his attention: an old portrait of a beautiful woman with eyes that seemed alive. Soto felt as if the woman's gaze followed him as he moved around the room.

Delving deeper into the investigation, Soto discovered that the woman in the portrait had been Isabel Rojas, a young artist whose works had been acclaimed in her time. However, her life had been shrouded in tragedy and mystery, and her early death had left an aura of intrigue surrounding her legacy.

Speaking with the few who still remembered Isabel, Soto learned of a lost love story and an unfinished final painting that was said to contain her essence. The gallery was full of rumors that Isabel's spirit still lingered there, seeking to complete her last masterpiece.

Convinced that there was more at stake than met the eye, Soto decided to dig even deeper into the story. He discovered that Isabel had a passionate love affair with a rival painter, Enrique Montoya, and their relationship had been marked by jealousy and rivalries. The unfinished painting became a symbol of their unresolved love.

Soto ventured into the dark heart of the gallery in search of answers. In a hidden room, he found the unfinished painting and felt a presence that seemed to envelop him. In an act of bravery, Soto completed the painting with his own strokes, releasing Isabel's spirit that had been trapped in the unfinished immortality.

With the painting complete, the gallery came to life in a burst of colors and emotions. Soto witnessed a dance of lights that seemed to celebrate the resolution of a lost love. The story of Isabel and Enrique finally found its closure, and the enchanted gallery came back to life with a sense of peace and reconciliation.

The city of Madrid once again shone with the light of a solved mystery, thanks to the courage and compassion of Detective Manuel Soto. Once more, he left his mark on the city's history and demonstrated that even the darkest enigmas can find their resolution in the light of truth.

El Caso de los Suspiros Nocturnos

En las calles empedradas del histórico Barrio de La Latina, el detective Manuel Soto se encontraba sumido en sus pensamientos cuando un sonido misterioso lo detuvo en seco. Eran suspiros que parecían emanar de la oscuridad de la noche. Intrigado y alerta, Soto se adentró en el corazón del barrio para descubrir el origen de estos misteriosos suspiros.

Los suspiros nocturnos habían estado atormentando a los habitantes del barrio durante semanas. Gente de todas las edades hablaba de sus noches de insomnio, cuando escuchaban lamentos suaves y melancólicos que parecían llenar el aire. Se decía que los suspiros tenían un efecto hipnótico y misterioso sobre aquellos que los escuchaban.

Soto comenzó su investigación entrevistando a los residentes del barrio. Algunos creían que los suspiros eran el eco de amores pasados y despedidas no dichas, mientras que otros afirmaban que eran el lamento de almas en pena. Sin embargo, nadie podía proporcionar una explicación sólida ni un punto de origen concreto.

Con su habilidad para descubrir detalles ocultos, Soto notó que los suspiros parecían más audibles cerca de una antigua casa abandonada. La casa, de apariencia sombría y misteriosa, se alzaba como una reliquia del pasado en medio del barrio bullicioso. Soto decidió investigar a fondo y se aventuró dentro de la casa en busca de respuestas.

Dentro de la casa, encontró habitaciones cubiertas de polvo y objetos olvidados. Pero lo que más llamó su atención fue una serie de cartas antiguas, todas dirigidas a una mujer llamada Elena. Las cartas hablaban de un amor profundo y prohibido entre Elena y un hombre desconocido. Parecía que estos sentimientos intensos estaban detrás de los suspiros misteriosos.

Investigando más a fondo, Soto descubrió que Elena había sido una mujer joven que vivía en la casa hace muchas décadas. Su amor por un hombre casado había sido un secreto bien guardado, pero la tragedia había golpeado cuando el hombre había fallecido en un accidente. Elena había quedado atrapada en un ciclo de lamento y desesperación.

Conmovido por la historia de Elena, Soto comenzó a investigar las conexiones con los descendientes del hombre casado y los eventos de la época. A medida que profundizaba, descubrió que una serie de malentendidos y secretos habían llevado a la separación de Elena y su amado. El misterio detrás de los suspiros parecía estar entrelazado con las vidas de las personas involucradas.

Armado con esta información, Soto organizó un encuentro entre los descendientes de Elena y del hombre casado en la misma casa donde habían vivido su romance. Les reveló la verdadera historia detrás de los suspiros nocturnos y cómo el lamento de Elena seguía resonando en la casa y en el corazón de quienes la habían conocido.

En un emotivo encuentro, los descendientes se encontraron cara a cara con la verdad y con el poder de liberar a Elena de su dolor eterno. Los suspiros nocturnos se desvanecieron, y la casa pareció llenarse de una sensación de paz que había estado ausente por décadas.

Una vez más, el detective Manuel Soto había resuelto un enigma que se ocultaba entre las sombras del pasado y el presente de Madrid. Dejando tras de sí un legado de resolución y reconciliación, Soto demostró que el poder de la verdad puede disipar incluso los misterios más persistentes.

The Case of the Nighttime Sighs

In the cobblestone streets of the historic La Latina neighborhood, Detective Manuel Soto was lost in thought when a mysterious sound stopped him in his tracks. It was sighs that seemed to emanate from the darkness of the night. Intrigued and alert, Soto ventured into the heart of the neighborhood to uncover the origin of these mysterious sighs.

The nighttime sighs had been tormenting the neighborhood's inhabitants for weeks. People of all ages spoke of sleepless nights, when they heard soft and melancholic laments that seemed to fill the air. It was said that the sighs had a hypnotic and mysterious effect on those who heard them.

Soto began his investigation by interviewing the residents of the neighborhood. Some believed that the sighs were echoes of past loves and unspoken farewells, while others claimed they were the lament of restless souls. However, no one could provide a solid explanation or a definite point of origin.

With his skill for uncovering hidden details, Soto noticed that the sighs seemed more audible near an old abandoned house. The house, with its somber and mysterious appearance, stood as a relic of the past amidst the bustling neighborhood. Soto decided to investigate thoroughly and ventured inside the house in search of answers.

Inside the house, he found rooms covered in dust and forgotten objects. But what caught his attention the most was a series of old letters, all addressed to a woman named Elena. The letters spoke of a deep and forbidden love between Elena and an unknown man. It seemed that these intense feelings were behind the mysterious sighs.

Digging deeper, Soto discovered that Elena had been a young woman who lived in the house many decades ago. Her love for a married man had been a well-kept secret, but tragedy had struck when the man had died in an accident. Elena had become trapped in a cycle of lament and despair.

Moved by Elena's story, Soto began investigating connections with the descendants of the married man and the events of the time. As he delved further, he uncovered that a series of misunderstandings and secrets had led to the separation of Elena and her beloved. The mystery behind the sighs seemed to be intertwined with the lives of the people involved.

Armed with this information, Soto arranged a meeting between the descendants of Elena and the married man in the same house where they had lived their romance. He revealed the true story behind the nighttime sighs and how Elena's lament continued to resonate in the house and in the hearts of those who had known her.

In an emotional encounter, the descendants came face to face with the truth and the power to release Elena from her eternal pain. The nighttime sighs faded away, and the house seemed to fill with a sense of peace that had been absent for decades.

Once again, Detective Manuel Soto had solved a mystery hidden between the shadows of Madrid's past and present. Leaving behind a legacy of resolution and reconciliation, Soto demonstrated that the power of truth can dissipate even the most persistent mysteries.

El Enigma de los Pasos Fantasmales

En las callejuelas empedradas del Barrio de Malasaña, el detective Manuel Soto se encontraba absorto en sus pensamientos mientras paseaba por las históricas calles de Madrid. De repente, un escalofrío recorrió su espalda cuando escuchó unos pasos que parecían venir de ninguna parte. Miró a su alrededor, pero no había nadie a la vista. Intrigado, decidió seguir el misterio de los pasos fantasmales.

Los pasos habían estado atormentando a los residentes de Malasaña durante meses. Cada noche, al caer la oscuridad, los lugareños afirmaban escuchar pasos ligeros que resonaban en las estrechas calles y plazas. A pesar de los esfuerzos por descubrir la fuente de estos pasos, nadie había logrado encontrar una explicación lógica.

Soto comenzó su investigación entrevistando a los asustados habitantes del barrio. Algunos creían que los pasos eran el eco de un amante que había esperado en vano a su ser querido en la noche, mientras que otros hablaban de fantasmas que deambulaban por las calles en busca de algo perdido. Sin embargo, las historias eran vagas y llenas de supersticiones.

Decidido a encontrar respuestas sólidas, Soto decidió aplicar su mente analítica y su habilidad para desentrañar enigmas. Observó patrones en los lugares donde se habían escuchado los pasos y comenzó a trazar un mapa de los lugares más frecuentes.

Descubrió que los pasos parecían seguir una ruta específica, como si estuvieran guiados por una fuerza invisible.

En su búsqueda de pistas, Soto se encontró con una anciana llamada Doña Mercedes, una de las residentes más antiguas del barrio. Ella le contó una antigua leyenda que hablaba de un amor trágico en el siglo XIX. Una joven llamada Elena había estado esperando a su amado soldado, quien nunca regresó de la guerra. Según la leyenda, sus pasos quedaron atrapados en el tiempo, repitiéndose cada noche en busca de su amado.

Soto, intrigado por la historia, se adentró en los archivos históricos y descubrió evidencia de la existencia de Elena y su amado soldado. Sus nombres aparecían en cartas y registros de la época. Sin embargo, lo que más lo sorprendió fue que los pasos fantasmales seguían la ruta que el soldado habría tomado para regresar a su hogar.

Con esta información en mano, Soto decidió enfrentar el misterio de los pasos fantasmales directamente. Una noche, se ubicó en el lugar donde los pasos solían aparecer y comenzó a hablar en voz alta, dirigiéndose a Elena y su amado. Les contó la historia de cómo habían sido recordados durante generaciones y cómo sus pasos seguían siendo escuchados cada noche.

En ese momento, los pasos cesaron abruptamente. La sensación de escalofrío que había estado presente durante tanto tiempo desapareció. Soto sintió como si un peso invisible se hubiera levantado y el barrio estuviera lleno de una paz renovada. El enigma de los pasos fantasmales finalmente había encontrado su resolución.

Una vez más, el detective Manuel Soto había demostrado su habilidad para enfrentar lo desconocido y descubrir la verdad detrás de los misterios que acechan en las calles históricas de Madrid. Con su determinación y comprensión, había traído consuelo a un espíritu atormentado y restaurado la tranquilidad en el Barrio de Malasaña.

The Enigma of the Phantom Footsteps

In the cobbled alleyways of the Malasaña neighborhood, Detective Manuel Soto was lost in thought as he strolled through the historic streets of Madrid. Suddenly, a shiver ran down his spine as he heard footsteps seemingly coming from nowhere. He looked around, but there was no one in sight. Intrigued, he decided to follow the mystery of the phantom footsteps.

The footsteps had been haunting the residents of Malasaña for months. Every night, as darkness fell, locals claimed to hear light footsteps echoing through the narrow streets and plazas. Despite efforts to uncover the source of these footsteps, no one had managed to find a logical explanation.

Soto began his investigation by interviewing the frightened neighborhood inhabitants. Some believed the footsteps were the echo of a lover who had waited in vain for their beloved in the night, while others spoke of ghosts wandering the streets in search of something lost. However, the stories were vague and filled with superstitions.

Determined to find solid answers, Soto decided to apply his analytical mind and his skill for unraveling mysteries. He observed patterns in the places where the footsteps had been heard and began mapping out the most frequent locations. He discovered that the footsteps seemed to follow a specific route, as if guided by an invisible force.

In his quest for clues, Soto encountered an elderly woman named Doña Mercedes, one of the oldest residents of the neighborhood. She shared an ancient legend that spoke of a tragic love story in the 19th century. A young woman named Elena had been waiting for her beloved soldier, who never returned from war. According to the legend, her footsteps had been trapped in time, repeating every night in search of her beloved.

Intrigued by the tale, Soto delved into historical archives and discovered evidence of Elena and her beloved soldier's existence. Their names appeared in letters and records from the era. However, what surprised him the most was that the phantom footsteps followed the route the soldier would have taken to return home.

Armed with this information, Soto decided to confront the mystery of the phantom footsteps head-on. One night, he positioned himself where the footsteps used to appear and began speaking aloud, addressing Elena and her beloved. He recounted the story of how they had been remembered for generations and how their footsteps continued to be heard every night.

At that moment, the footsteps abruptly ceased. The chilling sensation that had been present for so long disappeared. Soto felt as if an invisible weight had been lifted and the neighborhood was filled with a renewed sense of peace. The enigma of the phantom footsteps had finally found its resolution.

Once again, Detective Manuel Soto had demonstrated his ability to confront the unknown and uncover the truth behind the mysteries that lurk in the historic streets of Madrid. With his determination and understanding, he had brought solace to a tormented spirit and restored tranquility to the Malasaña neighborhood.